KB219471

사랑을 담아

_____ 에게 드립니다.

**약속 말씀**

# 병상 중에 주님을 만나다

여호와는 나의 빛이요 나의 구원이시니
내가 누구를 두려워하리요
여호와는 내 생명의 능력이시니
내가 누구를 무서워하리요

시편 27편 1절

내가 너와 함께 있어
네가 어디로 가든지 너를 지키며
너를 이끌어 이 땅으로 돌아오게 할지라
내가 네게 허락한 것을 다 이루기까지
너를 떠나지 아니하리라 하신지라

창세기 28장 15절


내가 평안히 눕고 자기도 하리니
나를 안전히 살게 하시는 이는
오직 여호와이시니이다

시편 4편 8절

내 사랑하는 형제들아
건실하며 흔들리지 말고
항상 주의 일에 더욱 힘쓰는 자들이 되라
이는 너희 수고가
주 안에서 헛되지 않은 줄 앎이라

고린도전서 15장 58절

너희는 택하신 족속이요
왕 같은 제사장들이요
거룩한 나라요 그의 소유가 된 백성이니
이는 너희를 어두운 데서 불러내어
그의 기이한 빛에 들어가게 하신 이의
아름다운 덕을 선포하게 하려 하심이라

베드로전서 2장 9절

보라 내가 새 일을 행하리니
이제 나타낼 것이라
너희가 그것을 알지 못하겠느냐
반드시 내가 광야에 길을
사막에 강을 내리니

이사야 43장 19절


내가 산을 향하여 눈을 들리라
나의 도움이 어디서 올까 나의 도움은
천지를 지으신 여호와에게서로다

시편 121편 1-2절

만일 하나님이 우리를 위하시면
누가 우리를 대적하리요
자기 아들을 아끼지 아니하시고
우리 모든 사람을 위하여 내주신 이가
어찌 그 아들과 함께 모든 것을
우리에게 주시지 아니하겠느냐

로마서 8장 31-32절

여호와여 주는 나의 찬송이시오니
나를 고치소서
그리하시면 내가 낫겠나이다
나를 구원하소서
그리하시면 내가 구원을 얻으리이다

에레미야 17장 14절

두려워하지 말라 내가 너와 함께함이라
놀라지 말라 나는 네 하나님이 됨이라
내가 너를 굳세게 하리라
참으로 너를 도와주리라
참으로 나의 의로운 오른손으로
너를 붙들리라

이사야 41장 10절

내 이름을 경외하는 너희에게는
공의로운 해가 떠올라서
치료하는 광선을 비추리니
너희가 나가서
외양간에서 나온 송아지같이 뛰리라

말라기 4장 2절

주는 나를 용서하사
내가 떠나 없어지기 전에
나의 건강을 회복시키소서

시편 39편 13절


무릇 하나님께로부터 난 자마다
세상을 이기느니라
세상을 이기는 승리는 이것이니
우리의 믿음이니라

요한일서 5장 4절

내 영혼아 네가 어찌하여 낙심하며
어찌하여 내 속에서 불안해하는가
너는 하나님께 소망을 두라
나는 그가 나타나 도우심으로 말미암아
내 하나님을 여전히 찬송하리로다

**시편 42편 11절**

큰 은총을 받은 사람이여 두려워하지 말라
평안하라 강건하라 강건하라
그가 이같이 내게 말하매
내가 곧 힘이 나서 이르되
내 주께서 나를 강건하게 하셨사오니
말씀하옵소서

다니엘 10장 19절

여호와 그가 네 앞에서 가시며
너와 함께하사 너를 떠나지 아니하시며
버리지 아니하시리니
너는 두려워하지 말라 놀라지 말라

신명기 31장 8절


너는 내게 부르짖으라
내가 네게 응답하겠고
네가 알지 못하는 크고 은밀한 일을
네게 보이리라

예레미야 33장 3절

주여 사람이 사는 것이 이에 있고
내 심령의 생명도 온전히 거기에 있사오니
원하건대 나를 치료하시며
나를 살려 주옵소서

이사야 38장 16절

그가 너를 위하여 그의 천사들을 명령하사
네 모든 길에서 너를 지키게 하심이라
그들이 그들의 손으로 너를 붙들어
발이 돌에 부딪히지 아니하게 하리로다

시편 91편 11-12절

내가 확신하노니
사망이나 생명이나 천사들이나
권세자들이나 현재 일이나 장래 일이나
능력이나 높음이나 깊음이나
다른 어떤 피조물이라도
우리를 우리 주 그리스도 예수 안에 있는
하나님의 사랑에서 끊을 수 없으리라

로마서 8장 38-39절

여호와는 너를 지키시는 이시라
여호와께서 네 오른쪽에서
네 그늘이 되시나니
낮의 해가 너를 상하게 하지 아니하며
밤의 달도 너를 해치지 아니하리로다

시편 121편 5-6절

오직 여호와를 앙망하는 자는
새 힘을 얻으리니
독수리가 날개 치며 올라감 같을 것이요
달음박질하여도 곤비하지 아니하겠고
걸어가도 피곤하지 아니하리로다

이사야 40장 31절

이것을 너희에게 이르는 것은
너희로 내 안에서
평안을 누리게 하려 함이라
세상에서는 너희가 환난을 당하나
담대하라 내가 세상을 이기었노라

**요한복음 16장 33절**

여호와는 선하시며 환난 날에 산성이시라
그는 자기에게 피하는 자들을 아시느니라
그가 범람하는 물로 그곳을 진멸하시고
자기 대적들을 흑암으로 쫓아내시리라

나훔 1장 7-8절


우리가 알거니와 하나님을 사랑하는 자
곧 그의 뜻대로 부르심을 입은 자들에게는
모든 것이 합력하여 선을 이루느니라

로마서 8장 28절

예수를 죽은 자 가운데서
살리신 이의 영이 너희 안에 거하시면
그리스도 예수를 죽은 자 가운데서
살리신 이가
너희 안에 거하시는 그의 영으로 말미암아
너희 죽을 몸도 살리시리라

로마서 8장 11절

여호와 내 하나님이여
내가 주께 부르짖으매 나를 고치셨나이다

시편 30편 2절


우리가 낙심하지 아니하노니
우리의 겉사람은 낡아지나
우리의 속사람은 날로 새로워지도다

고린도후서 4장 16절

여호와여 내가 수척하였사오니
내게 은혜를 베푸소서 여호와여
나의 뼈가 떨리오니 나를 고치소서

시편 6편 2절


이제 그리스도 예수 안에 있는 자에게는
결코 정죄함이 없나니
이는 그리스도 예수 안에 있는
생명의 성령의 법이 죄와 사망의 법에서
너를 해방하였음이라

로마서 8장 1-2절

내가 네게 명령한 것이 아니냐
강하고 담대하라
두려워하지 말며 놀라지 말라
네가 어디로 가든지 네 하나님 여호와가
너와 함께하느니라 하시니라

여호수아 1장 9절

내가 여호와를 기다리고 기다렸더니
귀를 기울이사
나의 부르짖음을 들으셨도다
나를 기가 막힐 웅덩이와
수렁에서 끌어올리시고
내 발을 반석 위에 두사
내 걸음을 견고하게 하셨도다

시편 40편 1-2절

입술의 열매를 창조하는 자
어호와가 말하노라
먼 데 있는 자에게든지
가까운 데 있는 자에게든지
평강이 있을지어다 평강이 있을지어다
내가 그를 고치리라 하셨느니라

이사야 57장 19절

여호와가 너를 항상 인도하여
메마른 곳에서도 네 영혼을 만족하게 하며
네 뼈를 견고하게 하리니
너는 물 댄 동산 같겠고
물이 끊어지지 아니하는 샘 같을 것이라

**이사야 58장 11절**

주는 나의 은신처이오니
환난에서 나를 보호하시고
구원의 노래로 나를 두르시리이다

시편 32편 7절


의인은 고난이 많으나
여호와께서 그의 모든 고난에서
건지시는도다

시편 34편 19절

너희는 너희 길과 행위를 고치고
너희 하나님 여호와의 목소리를 청종하라
그리하면 여호와께서 너희에게 선언하신
재앙에 대하여 뜻을 돌이키시리라

예레미야 26장 13절

내가 여호와를 항상 내 앞에 모심이여
그가 나의 오른쪽에 계시므로
내가 흔들리지 아니하리로다

시편 16편 8절


수고하고 무거운 짐 진 자들아
다 내게로 오라 내가 너희를 쉬게 하리라

마태복음 11장 28절

산들이 떠나며 언덕들은 옮겨질지라도
나의 자비는 네게서 떠나지 아니하며
나의 화평의 언약은 흔들리지 아니하리라
너를 긍휼히 여기시는
여호와께서 말씀하셨느니라

이사야 54장 10절

하나님이여 주는 나의 하나님이시라
내가 간절히 주를 찾되
물이 없어 마르고 황폐한 땅에서
내 영혼이 주를 갈망하며
내 육체가 주를 앙모하나이다

시편 63편 1절

주께서 심지가 견고한 자를
평강하고 평강하도록 지키시리니
이는 그가 주를 신뢰함이니이다
너희는 여호와를 영원히 신뢰하라
주 여호와는 영원한 반석이심이로다

이사야 26장 3-4절

여호와는 나의 힘과 나의 방패이시니
내 마음이 그를 의지하여 도움을 얻었도다
그러므로 내 마음이 크게 기뻐하며
내 노래로 그를 찬송하리로다

시편 28편 7절


생각하건대 현재의 고난은 장차
우리에게 나타날 영광과 비교할 수 없도다

로마서 8장 18절

평안을 너희에게 끼치노니
곧 나의 평안을 너희에게 주노라
내가 너희에게 주는 것은
세상이 주는 것과 같지 아니하니라
너희는 마음에 근심하지도 말고
두려워하지도 말라

**요한복음 14장 27절**

내가 새벽 날개를 치며
바다 끝에 가서 거주할지라도
거기서도 주의 손이 나를 인도하시며
주의 오른손이 나를 붙드시리이다

시편 139편 9-10절


너희에게는 심지어 머리털까지도
다 세신 바 되었나니 두려워하지 말라
너희는 많은 참새보다 더 귀하니라

누가복음 12장 7절

우리 주 예수 그리스도와
우리를 사랑하시고
영원한 위로와 좋은 소망을 은혜로 주신
하나님 우리 아버지께서
너희 마음을 위로하시고
모든 선한 일과 말에
굳건하게 하시기를 원하노라

데살로니가후서 2장 16-17절

여호와께서 자기 백성의 상처를 싸매시며
그들의 맞은 자리를 고치시는 날에는
달빛은 햇빛 같겠고
햇빛은 일곱 배가 되어
일곱 날의 빛과 같으리라

이사야 30장 26절


사랑하는 자여 네 영혼이 잘됨같이
네가 범사에 잘되고
강건하기를 내가 간구하노라

요한삼서 1장 2절

내 양은 내 음성을 들으며
나는 그들을 알며 그들은 나를 따르느니라
내가 그들에게 영생을 주노니
영원히 멸망하지 아니할 것이요
또 그들을 내 손에서 빼앗을 자가 없느니라

요한복음 10장 27-28절

사람이 감당할 시험밖에는
너희가 당한 것이 없나니
오직 하나님은 미쁘사
너희가 감당하지 못할
시험 당함을 허락하지 아니하시고
시험 당할 즈음에 또한 피할 길을 내사
너희로 능히 감당하게 하시느니라

고린도전서 10장 13절

내가 가는 길을 그가 아시나니
그가 나를 단련하신 후에는
내가 순금같이 되어 나오리라

욥기 23장 10절


너희가 온 마음으로 나를 구하면
나를 찾을 것이요
나를 만나리라

예레미야 29장 13절

그가 네 모든 죄악을 사하시며
네 모든 병을 고치시며
네 생명을 파멸에서 속량하시고
인자와 긍휼로 관을 씌우시며
좋은 것으로 네 소원을 만족하게 하사
네 청춘을 독수리같이 새롭게 하시는도다

시편 103편 3-5절

하늘이여 노래하라 땅이여 기뻐하라
산들이여 즐거이 노래하라
여호와께서 그의 백성을 위로하셨은즉
그의 고난 당한 자를 긍휼히
여기실 것임이라

이사야 49장 13절

너의 하나님 여호와가
너의 가운데에 계시니
그는 구원을 베푸실 전능자이시라
그가 너로 말미암아
기쁨을 이기지 못하시며
너를 잠잠히 사랑하시며
너로 말미암아 즐거이 부르며
기뻐하시리라 하리라

스바냐 3장 17절

내가 환난 중에 다닐지라도
주께서 나를 살아나게 하시고
주의 손을 펴사
내 원수들의 분노를 막으시며
주의 오른손이 나를 구원하시리이다

시편 138편 7절


그가 그의 말씀을 보내어
그들을 고치시고 위험한 지경에서
건지시는도다

시편 107편 20절

나는 항상 소망을 품고
주를 더욱더욱 찬송하리이다

시편 71편 14절


하나님의 약속은 얼마든지
그리스도 안에서 예가 되니
그런즉 그로 말미암아
우리가 아멘 하여
하나님께 영광을 돌리게 되느니라

고린도후서 1장 20절

보옵소서
내게 큰 고통을 더하신 것은
내게 평안을 주려 하심이라
주께서 내 영혼을 사랑하사
멸망의 구덩이에서 건지셨고
내 모든 죄를
주의 등 뒤에 던지셨나이다

이사야 38장 17절

우리에게 구름같이 둘러싼
허다한 증인들이 있으니
모든 무거운 것과
얽매이기 쉬운 죄를 벗어 버리고
인내로써 우리 앞에 당한 경주를 하며
믿음의 주요 또 온전하게 하시는 이인
예수를 바라보자

히브리서 12장 1-2절

하나님이여 나를 어려서부터
교훈하셨으므로
내가 지금까지 주의 기이한 일들을
전하였나이다
하나님이여 내가 늙어 백발이 될 때에도
나를 버리지 마시며
내가 주의 힘을 후대에 전하고
주의 능력을 장래의 모든 사람에게
전하기까지 나를 버리지 마소서

시편 71편 17-18절

그가 우리에게 약속하신 것은 이것이니
곧 영원한 생명이니라

요한일서 2장 25절


너희 안에서 착한 일을 시작하신 이가
그리스도 예수의 날까지 이루실 줄을
우리는 확신하노라

빌립보서 1장 6절

하나님은 사람이 아니시니
거짓말을 하지 않으시고
인생이 아니시니 후회가 없으시도다
어찌 그 말씀하신 바를 행하지 않으시며
하신 말씀을 실행하지 않으시랴

민수기 23장 19절

여호와께서 환난 날에
나를 그의 초막 속에 비밀히 지키시고
그의 장막 은밀한 곳에 나를 숨기시며
높은 바위 위에 두시리로다

시편 27편 5절


여호와께서 그를 병상에서 붙드시고
그가 누워 있을 때마다
그의 병을 고쳐 주시나이다

시편 41편 3절

복음에는 하나님의 의가 나타나서
믿음으로 믿음에 이르게 하나니
기록된 바 오직 의인은 믿음으로 말미암아
살리라 함과 같으니라

로마서 1장 17절


여호와여 주는 의인에게 복을 주시고
방패로 함같이 은혜로
그를 호위하시리이다

시편 5편 12절

나의 괴로운 날에
주의 얼굴을 내게서 숨기지 마소서
주의 귀를 내게 기울이사
내가 부르짖는 날에
속히 내게 응답하소서

시편 102편 2절

그가 내게 간구하리니
내가 그에게 응답하리라
그들이 환난 당할 때에
내가 그와 함께하여 그를 건지고
영화롭게 하리라
내가 그를 장수하게 함으로
그를 만족하게 하며
나의 구원을 그에게 보이리라 하시도다

시편 91편 15-16절

내가 진실로 진실로 너희에게 이르노니
내 말을 듣고 또 나 보내신 이를 믿는 자는
영생을 얻었고 심판에 이르지 아니하나니
사망에서 생명으로 옮겼느니라

요한복음 5장 24절


나 곧 나는 여호와라
나 외에 구원자가 없느니라

이사야 43장 11절

내가 그리스도와 함께
십자가에 못 박혔나니
그런즉 이제는 내가 사는 것이 아니요
오직 내 안에 그리스도께서 사시는 것이라
이제 내가 육체 가운데 사는 것은
나를 사랑하사 나를 위하여
자기 자신을 버리신
하나님의 아들을 믿는 믿음 안에서
사는 것이라

갈라디아서 2장 20절

주의 종에게 하신 말씀을 기억하소서
주께서 내게 소망을 가지게 하셨나이다
이 말씀은 나의 고난 중의 위로라
주의 말씀이 나를 살리셨기 때문이니이다

시편 119편 49-50절


진실로 생명의 원천이 주께 있사오니
주의 빛 안에서 우리가 빛을 보리이다

시편 36편 9절

우리가 아직 죄인 되었을 때에
그리스도께서 우리를 위하여 죽으심으로
하나님께서 우리에 대한
자기의 사랑을 확증하셨느니라

로마서 5장 8절


그가 시험을 받아 고난을 당하셨은즉
시험받는 자들을 능히 도우실 수 있느니라

히브리서 2장 18절

너희는 약한 손을 강하게 하며
떨리는 무릎을 굳게 하며
겁내는 자들에게 이르기를 굳세어라,
두려워하지 말라, 보라 너희 하나님이 오사
보복하시며 갚아 주실 것이라
하나님이 오사 너희를 구하시리라 하라
그때에 맹인의 눈이 밝을 것이며
못 듣는 사람의 귀가 열릴 것이며
그때에 저는 자는 사슴같이 뛸 것이며
말 못하는 자의 혀는 노래하리니
이는 광야에서 물이 솟겠고
사막에서 시내가 흐를 것임이라

이사야 35장 3-6절

너희가 이제 여러 가지 시험으로 말미암아
잠깐 근심하게 되지 않을 수 없으나
오히려 크게 기뻐하는도다
너희 믿음의 확실함은 불로 연단하여도
없어질 금보다 더 귀하여
예수 그리스도께서 나타나실 때에
칭찬과 영광과 존귀를 얻게 할 것이니라

베드로전서 1장 6-7절

네가 물 가운데로 지날 때에
내가 너와 함께할 것이라
강을 건널 때에 물이 너를 침몰하지
못할 것이며 네가 불 가운데로 지날 때에
타지도 아니할 것이요
불꽃이 너를 사르지도 못하리니

이사야 43장 2절

여호와여 주는 나의 등불이시니
여호와께서 나의 어둠을 밝히시리이다

사무엘하 22장 29절

네 구속자요 모태에서 너를 지은
나 여호와가 이같이 말하노라
나는 만물을 지은 여호와라
홀로 하늘을 폈으며
나와 함께한 자 없이 땅을 펼쳤고

이사야 44장 24절

내 육체와 마음은 쇠약하나
하나님은 내 마음의 반석이시요
영원한 분깃이시라

시편 73편 26절


이제는 우리 구주 그리스도 예수의
나타나심으로 말미암아 나타났으니
그는 사망을 폐하시고 복음으로써
생명과 썩지 아니할 것을 드러내신지라

디모데후서 1장 10절

너희의 구속자시요
이스라엘의 거룩하신 이이신
여호와께서 이르시되
나는 네게 유익하도록 가르치고
너를 마땅히 행할 길로 인도하는
네 하나님 여호와라

이사야 48장 17절


너희 담대함을 버리지 말라
이것이 큰 상을 얻게 하느니라

히브리서 10장 35절

아버지가 자식을 긍휼히 여김같이
여호와께서는 자기를 경외하는 자를
긍휼히 여기시나니

시편 103편 13절


너희 죄를 서로 고백하며
병이 낫기를 위하여 서로 기도하라
의인의 간구는 역사하는 힘이 큼이니라

야고보서 5장 16절

야곱의 집이여 이스라엘 집에 남은
모든 자여 내게 들을지어다
배에서 태어남으로부터 내게 안겼고
태에서 남으로부터 내게 업힌 너희여
너희가 노년에 이르기까지
내가 그리하겠고 백발이 되기까지
내가 너희를 품을 것이라
내가 지었은즉 내가 업을 것이요
내가 품고 구하여 내리라

이사야 46장 3-4절

내가 내 말을 네 입에 두고 내 손 그늘로
너를 덮었나니 이는 내가 하늘을 펴며
땅의 기초를 정하며 시온에게 이르기를
너는 내 백성이라 말하기 위함이니라

이사야 51장 16절


내가 그리스도를 위하여
약한 것들과 능욕과 궁핍과 박해와 곤고를
기뻐하노니 이는 내가 약한 그때에
강함이라

고린도후서 12장 10절

너희는 옛적 일을 기억하라
나는 하나님이라
나 외에 다른 이가 없느니라
나는 하나님이라
나 같은 이가 없느니라

이사야 46장 9절

너희는 여호와를 만날 만한 때에 찾으라
가까이 계실 때에 그를 부르라

이사야 55장 6절

자녀이면 또한 상속자
곧 하나님의 상속자요
그리스도와 함께한 상속자니
우리가 그와 함께 영광을 받기 위하여
고난도 함께 받아야 할 것이니라

로마서 8장 17절

나에게 이르시기를
내 은혜가 네게 족하도다
이는 내 능력이 약한 데서
온전하여짐이라 하신지라
그러므로 도리어 크게 기뻐함으로
나의 여러 약한 것들에 대하여 자랑하리니
이는 그리스도의 능력이
내게 머물게 하려 함이라

고린도후서 12장 9절

여호와여 주의 이름을 아는 자는
주를 의지하오리니
이는 주를 찾는 자들을
버리지 아니하심이니이다

시편 9편 10절


이스라엘을 지키시는 이는
졸지도 아니하시고
주무시지도 아니하시리로다

시편 121편 4절

시험을 참는 자는 복이 있나니
이는 시련을 견디어 낸 자가
주께서 자기를 사랑하는 자들에게
약속하신 생명의 면류관을
얻을 것이기 때문이라

야고보서 1장 12절

**병상 중에 주님을 만나다**

초판 1쇄 발행 2014년 1월 10일

펴낸이 고영은 박미숙
펴낸곳 뜨인돌출판(주) | 출판등록 1994.10.11(제2011-000185호)
주소 121-896 서울시 마포구 성미산로 6길 45 | 대표전화 02-337-5252 | 팩스 02-337-5868
ISBN 978-89-5807-496-0 00230 | CIP제어번호: CIP2013027964